Roberto

Roberto es un chico inofensivo. Pero tiene problemas en el colegio. Sus compañeros le hacen la vida imposible y uno de sus profesores en particular, el señor López, es bastante antipático.

Hoy, Roberto tiene una clase de matemáticas. No le gustan las matemáticas porque no le gusta el profesor. Es el señor López.

Hace mucho calor, y es la última clase del día. Roberto tiene ganas de irse a casa. Mira el reloj.
—¡Qué bien! la clase termina dentro de cinco minutos.

En ese momento el señor López grita: —¡Roberto! ¡Ven aquí!

Roberto va a la mesa del profesor.

—¿Eres tú quién silba?

En la clase de matemáticas siempre hay alguien que hace el mismo ruido. Roberto cree que es Alfredo, pero no está seguro. El señor López está furioso y le echa la culpa a Roberto.

—Yo no, señor.

—Roberto, ¿por qué tienes que decir tantas mentiras? Mañana te quedas después de la clase. ¡Ahora, siéntate!

Al día siguiente, después del castigo, Roberto vuelve a
casa.
Cuando llega al parque oye un ruido en un árbol.
Roberto ve a Alfredo y a dos de sus amigos sentados en
una rama. Están silbando. Empiezan a reírse a carcajadas
y Alfredo dice: —Toma, Roberto, un regalo para ti.
Algo golpea a Roberto en la cabeza y lo hace caer en un
charco. Alfredo y sus amigos saltan del árbol y se escapan
corriendo.

Esa noche Roberto no puede dormir porque sabe que el señor López le va a poner otro castigo.

Se siente muy triste y está a punto de llorar cuando, de repente, lee algo en su nuevo libro que le da una idea. Empieza a sonreír. ¡Qué sorpresa tiene para Alfredo y sus amigos mañana!

Al día siguiente Roberto se levanta pronto y se viste.
Va a poner su plan en marcha camino de clase. Roberto
entra en una confitería cerca del instituto.
La dueña, la señora Urraca, es una mujer muy severa y
todos los niños le tienen miedo. En la tienda hay dos o
tres niños, una señora mayor, y la señora Urraca. Los
niños están delante del mostrador y la dueña les mira con
cara de enfado.

Roberto se esconde detrás de unos estantes y observa a los niños que escogen los caramelos que quieren.

De repente se oye la voz de la señora Urraca.

—¡Hoy no hace falta pagar los caramelos! ¡Son un regalo de la casa!

Los niños están asombrados, y la señora Urraca también. Dice rápidamente que ha sido un error y que por supuesto deben pagar. Pero de nuevo se oye su voz que repite lo mismo. La señora Urraca se queda boquiabierta. No se explica lo que ha pasado.

Pero la señora mayor está encantada y felicita a la dueña de la tienda.
Detrás de los estantes Roberto sonríe. La primera parte de su plan ha salido a la perfección.

Roberto llega muy contento al instituto y entra en la clase de matemáticas. Alfredo es uno de los alumnos favoritos del señor López porque siempre sabe hacer el trabajo. Después de cinco minutos el profesor hace una pregunta fácil.

—¿Cuánto es el cincuenta por ciento de diez?

Alfredo levanta la mano en seguida y se le oye decir:

—¡Señor! ¡Por favor! ¡Setecientos setenta y ocho!

El señor López le mira asombrado.

—¿Qué?

—He... He querido decir ci... ci... cinco.

—¿Estás bien Alfredo?

—Pues ... sí, señor. No sé que me ha pasado. Lo siento.
—Muy bien. Pero si vuelves a decir bobadas te voy a castigar, ¿está claro?

Alfredo asiente con la cabeza, y casi al instante se le oye decir: —¡Cállate cabeza de bola!

—¿Cómo? ¿Qué has dicho?

—Es que... Quiero decir...

—¡Alfredo! ¡Ya está bien! Estoy harto de tantas idioteces. Esta tarde te quedas después de las clases.

Roberto está muy satisfecho.

Un poco después, cuando el profesor sale de la clase para buscar algo, todos le preguntan a Alfredo: —Pero Alfredo, ¿estás loco, o qué?

—¿Por qué has hecho eso, imbécil?

Alfredo se enfada.

—¡No sé qué ha pasado! ¡No he dicho yo esas tonterías!

Alfredo no llega a terminar la frase. Su amigo Miguel le
ha tirado una bola de papel a la cabeza.
En seguida empieza una batalla con papeles por todas
partes.
El suelo está cubierto de bolitas y de avionetas cuando
retumba la voz del señor López.
—¡Alfredo! ¡Ya está bien! Ahora tienes dos castigos, y tú
también Miguel.
Alfredo y Miguel miran a su alrededor, pero no ven al
profesor por ningún lado.
En ese momento la puerta se abre y el profesor entra.

11

—Pero ¡esto qué es! No aguanto más. Voy a cancelar el viaje de fin de curso.

—Perdone, señor —dice Alfredo—. Lo siento. Voy a recogerlo todo en seguida.

—¿Has sido tú otra vez, Alfredo? ¡No me lo creo!

—Pero usted me vio, ¿no?

—¿Me estás tomando el pelo? Yo estaba en el pasillo y no vi nada. Pero si has sido tú, ¡castigado otra vez!

Roberto está contentísimo. La segunda parte de su plan también ha salido perfectamente.

12

Esa tarde Alfredo vuelve solo a casa. Ve a Roberto que
está de espaldas, mirando en el escaparate de la confitería.
Está a punto de tirarle una piedra cuando oye la voz del
señor López.

—¡Alfredo! ¡Suelta esa piedra!

Alfredo mira por el hombro. ¡No puede ser! ¡El profesor
está en todas partes! Empieza a correr asustado hacia su
casa.

Roberto ve el reflejo de Alfredo en el escaparate y sonríe.

Al día siguiente, a primera hora, hay una cola muy larga delante de la confitería. Todos los jóvenes del barrio han leído en el periódico que la señora Urraca regala caramelos.

Roberto está muy contento. Está seguro que va a tener éxito con la última parte de su plan.

Esta mañana el director entra en la clase de matemáticas para confirmar la decisión del señor López de cancelar el viaje de fin de curso. El director está a punto de hablar cuando se oye la voz del señor López.

—Después de pensarlo bien, he decidido que el resto de la clase puede ir de viaje, pero que Alfredo y Miguel van a quedarse aquí en el instituto.

El señor López está asustado. Está convencido que no ha dicho nada, pero también ha oído su voz.

—¡Buena idea, señor López! ¡Estoy totalmente de acuerdo con eso!

El profesor mira perplejo a todos los alumnos y todos le miran a él. Es decir, todos menos uno.

Roberto está leyendo con interés su nuevo libro, «La ventriloquia para principiantes».

1. Imagina que tú eres Roberto. ¿Qué escribes en tu agenda personal para cada día del cuento?

2. En tu opinión ¿qué tienen que hacer Alfredo y Miguel en el instituto cuando el resto de la clase va de viaje? Escribe tres o cuatro frases.

3. Más tarde, Roberto llega a ser un ventrílocuo famoso. Escribe el título para un artículo en el periódico del instituto.

4. Escribe tres o cuatro ideas para otra aventura de Roberto.

5. Explica a un amigo/una amiga porqué te gusta, o porqué no te gusta, este cuento.